KÄSEKUCHEN

... verführerisch cremig

Goldgelb gebacken und innen weiß, sahnig und unendlich saftig: Käsekuchen ist ein Klassiker auf dem Kaffeetisch. Ob mit oder ohne Rosinen, Obst oder Streusel, immer wieder präsentiert er sich verführerisch vielseitig. Nicht zuletzt aufgrund seiner Hauptzutat: Quark, Schichtkäse, Frischkäse, Mascarpone und Ricotta eignen sich allesamt zu herrlichen neuen Varianten.

KÄSEKUCHEN

➤ Klassiker

Viel geliebt und unerreicht – egal ob mit oder ohne Rosinen

Zutaten für eine Springform (24 cm ∅):

- *200 g Mehl*
- *220 g Zucker*
- *4 Eier*
- *Salz*
- *150 g Butter*
- *125 g Rosinen*
- *750 g Magerquark*
- *125 g saure Sahne*
- *Saft und abgeriebene Schale von 1 unbehandelten Zitrone*
- *60 g Speisestärke*
- *1 TL Backpulver*
- *Fett für die Form*

ZUBEREITUNGSZEIT: 30 MIN.
RUHEZEIT: 30 MIN.
BACKZEIT: 45 MIN.
BEI 12 STÜCKEN PRO STÜCK ETWA:
1515 KJ/360 KCAL

1 Mehl, 70 g Zucker, 1 Ei, 1 Prise Salz und 100 g Butter schnell zu einem Teig verkneten. 30 Min. in den Kühlschrank stellen.

2 Die Form einfetten. Den Backofen auf 200° vorheizen. Die Rosinen in einer Schüssel mit kochendem Wasser übergießen.

3 Den Teig ausrollen und in die Form legen. Den Rand festdrücken, den Boden mehrmals mit einer Gabel einstechen, dann im Ofen (Mitte, Umluft 175°) 15 Min. vorbacken.

4 Inzwischen die restlichen 3 Eier trennen, Eiweiße mit 1 Prise Salz steif schlagen. Restliche Butter und Zucker mit den Schneebesen des Handrührgerätes schaumig rühren. Die Eigelbe nach und nach dazugeben, dabei weiter rühren. Quark, Sahne, Zitronensaft und -schale, Speisestärke und Backpulver unterrühren.

5 Rosinen in ein Sieb abgießen und mit dem Eischnee unter die Quarkmasse heben. Diese auf den Teig geben und im Ofen (Mitte) in 40–50 Min. goldgelb backen, evtl. gegen Ende mit Pergamentpapier abdecken.

TIPP: Der Käsekuchen schmeckt natürlich auch ohne Rosinen oder aber mit 150 g in Marillen- oder Orangenlikör eingelegten Trockenaprikosen.

MARZIPAN-APRIKOSEN-QUARKTARTE

➤ ganz fein

Edles Gebäck, wie es unsere französischen Nachbarn lieben

Zutaten für eine Tarteform (26 cm ∅):

- *200 g Mehl*
- *1 EL Zucker*
- *1 Prise Salz*
- *125 g kalte Butter*
- *200 g Marzipanrohmasse*
- *4 Eier*
- *50 g Zucker*
- *3 EL Amaretto (nach Belieben)*
- *4 EL Sahne*
- *500 g Magerquark*
- *1 Päckchen Vanille-Saucenpulver*
- *100 g Amaretti (Mandelkekse)*
- *1 kleine Dose Aprikosen (Abtropfgewicht 250 g)*
- *Fett für die Form*

ZUBEREITUNGSZEIT: 35 MIN.
RUHEZEIT: 1 STD.
BACKZEIT: 1 STD.
BEI 12 STÜCKEN PRO STÜCK ETWA:
1540 KJ/370 KCAL

1 Mehl, Zucker und Salz mischen, die Butter in kleine Stückchen schneiden und auf dem Mehl verteilen. Alles rasch zu einem gleichmäßigen Teig verkneten und 1 Std. im Kühlschrank kalt stellen.

2 Backofen auf 180° vorheizen. Marzipan in einer Rührschüssel fein zerkrümeln. Die Eier nacheinander zum Marzipan geben und mit den Schneebesen des Handrührgerätes glatt rühren. Zucker, Amaretto, Sahne, Quark und Saucenpulver kurz unterrühren.

3 Form ausfetten. Den Teig auf einer bemehlten Arbeitsfläche zu einem Kreis von ca. 35 cm Durchmesser ausrollen und in die Form legen. Amaretti zerbröseln und auf den Boden streuen.

4 Aprikosen in einem Sieb abtropfen lassen und auf dem Boden verteilen. Die Quarkmasse darüber geben und im Ofen (Mitte, Umluft 160°) ca. 1 Std. backen.

! **TIPP:** Anstelle der Aprikosen schmecken auch Mandarinen aus der Dose prima.

ERDBEER-KÄSESAHNE

➤ **Klassiker**

Cremig, luftig, sahnig und unheimlich erdbeerig

Zutaten für eine Springform (26 cm ∅):

- *125 g Mehl*
- *1 TL Backpulver*
- *160 g Zucker*
- *100 g Butter*
- *750 g Erdbeeren (frisch oder tiefgekühlt)*
- *3 ganz frische Eier*
- *500 g Quark (20 % Fett)*
- *10 Blatt weiße Gelatine*
- *500 g Sahne*
- *Tortenring*

ZUBEREITUNGSZEIT: 1 1/2 STD.
RUHEZEIT: 3 STD.
BACKZEIT: 15 MIN.
BEI 12 STÜCKEN PRO STÜCK ETWA:
1520 KJ/370 KCAL

1 Backofen auf 200° vorheizen. Mehl mit Backpulver mischen, mit 60 g Zucker, Butterflöckchen und 3–4 EL kaltem Wasser rasch zu einem Teig kneten. Auf einer bemehlten Arbeitsfläche ausrollen und in die ungefettete Form legen. Im Backofen (Mitte, Umluft 180°) 10–15 Min. knusprig braun backen.

2 Erdbeeren waschen, putzen, 200 g davon in kleine Stücke schneiden, den Rest pürieren. Die Eier trennen. Eigelbe und restlichen Zucker mit den Schneebesen des Handrührgerätes schaumig rühren, Quark, Erdbeeren und Erdbeerpüree unterziehen.

3 Gelatine ca. 10 Min. in kaltem Wasser einweichen, ausdrücken und in einem Topf vorsichtig bei kleiner Hitze auflösen, leicht abkühlen lassen und unter die Quarkmasse rühren.

4 Sobald die Creme fest wird, die Sahne und die Eiweiße getrennt steif schlagen und beides unterheben. Den Tortenboden aus der Form lösen, den Tortenring darumlegen und die Quarkcreme einfüllen. Im Kühlschrank in 2–3 Std. fest werden lassen.

! **TIPP:** Den Kuchen können Sie mit Sahnehäubchen und frischen Erdbeeren verzieren.

ZEBRA-KÄSEKUCHEN

➤ **was fürs Auge**

Eine Kalorienbombe – aber Streifen machen schlank ...

Zutaten für eine Springform (26 cm ∅):

- *175 g Butterkekse*
- *3 EL Kakaopulver*
- *80 g Butter*
- *200 g Zartbitterschokolade*
- *ausgepresster Saft von 1 Orange*
- *3 EL Cointreau*
- *750 g Magerquark*
- *250 g Mascarpone*
- *1 Tütchen flüssiges Vanillearoma*
- *150 g Zucker*
- *4 Eier*
- *Fett für die Form*

ZUBEREITUNGSZEIT: 45 MIN.
BACKZEIT: 1 STD. 10 MIN.
RUHEZEIT: ÜBER NACHT
BEI 16 STÜCKEN PRO STÜCK ETWA:
1405 KJ/335 KCAL

1 Backofen auf 180° vorheizen. Kekse in einen Gefrierbeutel geben und mit Nudelholz oder Flasche zerbröseln und mit Kakao mischen. Butter schmelzen, mit den Bröseln vermengen. Auf den Boden der Springform drücken, im Ofen (Mitte, Umluft 160°) 10 Min. backen, abkühlen lassen und Herd auf 160° (Umluft 140°) herunterschalten.

2 Zerbröckelte Schokolade in Orangensaft in einem Topf unter Rühren schmelzen. Vom Herd nehmen und den Likör unterrühren.

3 Quark, Mascarpone und Vanillearoma in eine Schüssel geben, Zucker nach und nach mit den Schneebesen des Handrührgerätes unterrühren. Die Eier einzeln zugeben, kurz unterrühren. Quarkmasse halbieren, unter eine Hälfte die Schokolade rühren. Den Rand der Springform einfetten.

4 Die Hälfte der weißen Quarkcreme auf dem Keksboden verteilen, dann 1 Klecks dunkle Creme in die Mitte geben und kreisförmig nach außen verteilen, dabei die weiße Schicht nicht vollständig verdecken. Die beiden Cremes abwechselnd in Lagen darauf geben (es bildet sich ein spiralförmiges Muster an der Oberfläche).

5 Im Ofen (unten, Umluft 140°) 60–70 Min. backen. Abkühlen lassen und über Nacht in den Kühlschrank stellen; die Schokocreme wird erst dann fest.

TIRAMISU-QUARKTORTE

➤ italienisch

Auch als Dessert mit einem Tässchen Espresso ...

Zutaten für eine Springform (24 cm ∅):

- *150 g Mehl*
- *3 TL Kakaopulver*
- *6 Eier*
- *250 g Zucker*
- *100 ml Espresso*
- *100 ml Amaretto-Likör*
- *500 g Mascarpone*
- *125 g Magerquark*
- *1/8 l Eierlikör*
- *3 EL Zucker*
- *200 g Sahne*
- *3 EL Kakaopulver*
- *Fett für die Form*

ZUBEREITUNGSZEIT: 30 MIN.
RUHEZEIT: ÜBER NACHT
BACKZEIT: 40 MIN.
BEI 12 STÜCKEN PRO STÜCK ETWA:
2100 KJ/500 KCAL

1 Den Backofen auf 175° vorheizen. Die Form ausfetten. Mehl und Kakao vermischen. Die Eier trennen und die Eiweiße steif schlagen, Zucker, Eigelbe und 1 EL Wasser mit den Schneebesen des Handrührgerätes cremig rühren. Erst die Mehl-Kakao-Mischung, dann den Eischnee vorsichtig unterheben. Den Teig in die Form füllen und im Ofen (Mitte, Umluft 150°) 40 Min. backen. Aus dem Ofen nehmen und über Nacht abkühlen lassen.

2 Am nächsten Tag den Kuchen horizontal halbieren. Espresso und Amaretto verrühren und die Schnittseiten beider Kuchenhälften damit tränken.

3 Den Mascarpone mit Magerquark, Eierlikör und dem Zucker gut verrühren. Die Sahne steif schlagen und vorsichtig unterheben. Die Hälfte der Masse auf den einen Boden streichen, den zweiten Boden darauf setzen und die übrige Masse darauf und am Rand verteilen. Die Creme glatt streichen und dick mit Kakaopulver bestreuen.

! **TIPP:** Den Kuchen möglichst noch 1–2 Std. kühl stellen, so zieht er besser durch.

APFEL-QUARK-STREUSELKUCHEN

➤ Klassiker

Quark und Äpfel – gemeinsam doppelt gut

Zutaten für eine Springform (26 cm ∅):

400 g Mehl
300 g Zucker
1 Ei
200 g weiche Butter
1 TL Zimtpulver
3 mittelgroße Äpfel (z. B. Boskop)
ausgepresster Saft von 1 Zitrone
2 Eier
500 g Quark (20 % Fett)
2 Eigelbe
100 g Grieß
Fett für die Form

ZUBEREITUNGSZEIT: 35 MIN.
RUHEZEIT: 30 MIN.
BACKZEIT: 1 STD.
BEI 12 STÜCKEN PRO STÜCK ETWA:
1950 KJ/470 KCAL

1 Mehl gehäuft auf die Arbeitsfläche geben, 150 g Zucker und das Ei in eine Mulde setzen, Butter in Flöckchen schneiden und auf dem Rand verteilen. Rasch mit einem Messer verhacken, dann mit den Händen verkneten. Den Teig halbieren, unter eine Hälfte den Zimt mischen. Beide Teige für 30 Min. in den Kühlschrank stellen.

2 Ofen auf 180° vorheizen. Die Form fetten. Den Teig ohne Zimt auf bemehlter Arbeitsfläche ausrollen, die Form damit auslegen, den Rand festdrücken und den Boden mehrmals mit einer Gabel einstechen.

3 Die Äpfel waschen, schälen, Kerngehäuse entfernen, die Äpfel in dünne Spalten schneiden und mit Zitronensaft mischen. Eier trennen. Quark, restlichen Zucker und 4 Eigelbe verrühren, den Grieß untermischen. Die Eiweiße steif schlagen und unter die Masse ziehen.

4 Den Teig mit Äpfeln belegen und die Quarkmasse darüber geben. Aus dem Zimtteig Streusel reiben und darüber streuen. Im Backofen (Mitte, Umluft 160°) 50–60 Min. backen.

! **TIPP:** Wer will, gibt 100 g mit heißem Wasser überbrühte Rosinen in die Quarkmasse. Schmeckt auch mit frischen Pflaumen oder Pfirsichen aus der Dose.

STAINLESS
STEEL

KIRSCH-QUARK-STRUDEL

➤ einfach

Schwarzwälder Kirsch in neuer Form

Zutaten für 1 Strudel:

- *300 g Blätterteig (tiefgekühlt)*
- *1 Glas Sauerkirschen (Abtropfgewicht 350 g)*
- *1 Ei*
- *30 g Zucker*
- *1 Päckchen Vanillezucker*
- *200 g Magerquark*
- *1 EL Speisestärke*
- *2 EL Kirschwasser*
- *50 g Schokoraspel*
- *25 g Butter*
- *2 EL Puderzucker*
- *1 EL Kakaopulver*
- *Fett fürs Blech*

ZUBEREITUNGSZEIT: 20 MIN.
BACKZEIT: 30 MIN.
BEI 8 STÜCKEN PRO STÜCK ETWA:
1270 KJ/305 KCAL

1 Blätterteigplatten nebeneinander legen und auftauen lassen. Die Kirschen in einem Sieb abtropfen lassen. Backofen auf 200° vorheizen. Ein Backblech einfetten.

2 Ei, Zucker und Vanillezucker mit den Schneebesen des Handrührgerätes schaumig rühren. Kirschen, Quark, Stärke, Kirschwasser und Schokoraspel mit einem Löffel unterrühren.

3 Die Blätterteigplatten auf einer bemehlten Arbeitsfläche zu einem Kreis von ca. 30 cm Durchmesser ausrollen. Die Quarkmasse auf das untere Drittel des Kreises geben, den Strudel vorsichtig aufrollen und auf das Blech legen.

4 Butter in einer Pfanne zerlassen und den Strudel damit einstreichen. Den Strudel im Ofen (Mitte, Umluft 175°) in ca. 30 Min. knusprig braun backen. Warm mit Puderzucker und Kakao bestäuben.

! **TIPP:** Schmeckt auch lauwarm mit Vanillesauce oder mit – mit etwas Kirschwasser aromatisierten – heißen Kirschen.

»Kleine Käsekunde«

Quark, Frischkäse, Ricotta – sie alle sind ungereifte Käsesorten. Quark wird aus entrahmter oder teilweise entrahmter saurer Milch gewonnen.

Quark mit 20 % oder 40 % Fett ist cremiger. Dem Quark ähnlich ist Schichtkäse, ein 40%iger Frischkäse. Handelsüblicher Frischkäse ist mit bis zu 70 % Fett richtig sahnig-cremig.

Magerquark enthält nur zwischen 1 und 2 % Fett, hat dafür aber einen sehr hohen Eiweißgehalt und ist deshalb eher trocken und krümelig.

Mascarpone wird aus Sahne hergestellt, was ihn kompakt und sehr geschmeidig macht. Ricotta, der andere italienische Frischkäseklassiker, wird aus Molke gewonnen und ist krümelig-trocken.

Käsekuchen ohne Boden

1 Den Backofen auf 180° vorheizen. 4 Eier trennen. Eiweiße mit einer Prise Salz steif schlagen. 125 g Butter schmelzen und mit den Eigelben verrühren.

2 500 g Magerquark, 1 Pck. Vanille-Puddingpulver, 4 EL Grieß, 200 g Zucker, 1/2 Pck. Backpulver, Saft und abgeriebene Schale von 1 Zitrone und 100 g Rumrosinen mit den Eigelben verrühren.

3 Den Eischnee vorsichtig unter die Quarkmasse heben. Eine Springform (22 cm ∅) ausfetten und mit Semmelbröseln ausstreuen.

4 Den Teig in die Form füllen und im Ofen (Mitte, Umluft 160°) ca. 1 Std. backen, eventuell gegen Ende mit Pergamentpapier abdecken.

LIMETTEN-FRISCHKÄSE-TARTE

➤ **erfrischend**

Genau das Richtige für einen heißen Sommertag

Zutaten für eine Tarteform (26 cm ∅):

- *75 g gemahlene Mandeln*
- *250 g Mehl*
- *150 g weiche Butter*
- *75 g Puderzucker • 1 Prise Salz*
- *250 g Quark (20 % Fett)*
- *250 g Frischkäse • 180 g Zucker*
- *1 Päckchen Vanille-Puddingpulver*
- *4 Eier*
- *2 unbehandelte Limetten*
- *Fett für die Form*
- *Limettenschalenstreifen und 75 g gehackte Pistazien zum Bestreuen*

ZUBEREITUNGSZEIT: 25 MIN.
RUHEZEIT: 1 STD.
BACKZEIT: 1 STD.
BEI 12 STÜCKEN PRO STÜCK ETWA:
1880 KJ/450 KCAL

1 Mandeln in einer Pfanne ohne Fett anrösten, abkühlen lassen. Mit Mehl, Butter, Puderzucker und Salz schnell zu einem Mürbeteig verkneten und für ca. 1 Std. in den Kühlschrank stellen.

2 Backofen auf 180° vorheizen. Quark, Frischkäse, Zucker, Puddingpulver und Eier mit den Schneebesen des Handrührgeräts verrühren. Limetten waschen, die Schale abreiben und den Saft auspressen. Beides unter die Quarkmasse rühren.

3 Die Tarteform einfetten. Den Teig auf bemehlter Arbeitsfläche ausrollen und die Form damit auslegen, den Boden mit einer Gabel mehrmals einstechen. Die Quarkmasse einfüllen und im Backofen (unten, Umluft 160°) ca. 1 Std. backen. Abkühlen lassen und mit Limettenschale und Pistazien bestreuen.

TIPP: Schön sieht es auch aus, wenn man die Tarte nach dem Backen mit in Scheiben geschnittenen Erdbeeren kreisförmig überlappend belegt.

CHEESECAKE MIT HIMBEERSAUCE

➤ **Klassiker aus New York**

Cheesy-easy

Zutaten für eine Springform (26 cm ∅):

- *200 g Butterkekse*
- *75 g weiche Butter*
- *1 Päckchen Vanillezucker*
- *600 g Doppelrahmfrischkäse*
- *150 g Crème fraîche*
- *100 g Zucker*
- *Mark von 2 Vanilleschoten*
- *Schale von 1/2 unbehandelten Zitrone*
- *4 Eier*
- *1 EL Speisestärke*
- *250 g Himbeeren*
- *2 EL Honig*
- *2 EL Himbeergeist (nach Belieben)*
- *Backpapier*

ZUBEREITUNGSZEIT: 30 MIN.
RUHEZEIT: 30 MIN.
BACKZEIT: 1 STD.
BEI 12 STÜCKEN PRO STÜCK ETWA:
1620 KJ/390 KCAL

1 Die Kekse in einen Gefrierbeutel geben und mit Nudelholz oder Flasche zerbröseln. Die Brösel mit Butter und Vanillezucker verkneten. Die Springform mit Backpapier auskleiden, die Bröselmasse hineingeben, auf dem Boden festdrücken und für 30 Min. in den Kühlschrank stellen.

2 Den Backofen auf 150° vorheizen. Frischkäse mit Crème fraîche, Zucker, Vanillemark, abgeriebener Zitronenschale und Eiern verrühren. Zum Schluss die Stärke unterrühren. Die Masse auf den Boden geben und im Ofen (Mitte, Umluft 130°) ca. 1 Std. backen.

3 Die Himbeeren in einem Topf mit Honig und nach Belieben mit Himbeergeist erhitzen, ganz oder teilweise mit einer Gabel zerdrücken. Die Sauce lauwarm oder kalt zum abgekühlten Kuchen servieren (er schmeckt am besten gut gekühlt).

TIPP: Man kann für die Sauce natürlich auch andere Beeren verwenden oder den Kuchen mit frischen Früchten garnieren.

OBST-QUARK-PIZZA

➤ **fruchtig**

Mal was anderes: Pizza con frutti

Zutaten für eine Pizza von ca. 30 cm ∅:

- *1/2 Würfel frische Hefe (20 g)*
- *70 g Zucker*
- *350 g Mehl*
- *1 Prise Salz*
- *60 g Butter*
- *3 Eigelbe*
- *250 g Quark (20 % Fett)*
- *2 Päckchen Vanillezucker*
- *20 g Speisestärke*
- *1 roter Apfel*
- *je 100 g grüne Trauben, Zwetschgen und Brombeeren*
- *4 frische Feigen*
- *60 g brauner Zucker*

ZUBEREITUNGSZEIT: 35 MIN.
RUHEZEIT: 25 MIN.
BACKZEIT: 30 MIN.
BEI 15 STÜCKEN PRO STÜCK ETWA:
800 KJ/200 KCAL

1 Hefe zerbröckeln, 1 TL Zucker und 100 ml lauwarmes Wasser darüber geben. Mehl mit Salz mischen, eine Mulde hineindrücken und den Hefeansatz hineingeben. Restlichen Zucker, Butter und 1 Eigelb auf den Rand geben. Alles ca. 5 Min. kräftig durchkneten. Abgedeckt an einem warmen Ort 25 Min. gehen lassen.

2 Den Ofen auf 200° vorheizen. Backpapier auf ein Backblech legen. Quark mit den restlichen 2 Eigelben, Vanillezucker und Stärke vermischen.

3 Obst waschen und putzen. Apfel ohne Kerngehäuse in schmale Spalten schneiden, Trauben halbieren, Zwetschgen entsteinen und halbieren, Feigen vierteln.

4 Den Teig auf bemehlter Arbeitsfläche zu einem Kreis von ca. 35 cm Durchmesser ausrollen und auf das Blech legen. Einen Rand nach innen einrollen und festdrücken. Die Quarkmasse darauf geben, darauf das Obst bunt verteilen und mit braunem Zucker bestreuen. Im Ofen (Mitte, Umluft 175°) ca. 30 Min backen.

TIPP: Je nach Jahreszeit kann man anderes Obst verwenden, z. B. Pfirsiche, Aprikosen, Kirschen und rote Johannisbeeren.

PINA-COLADA-TORTE

➤ ohne Backen

Samba in der Kuchenform ...

Zutaten für eine Springform (22 cm ∅):

- *300 g Kokoszwieback*
- *100 g Butter*
- *1 Dose Ananasstücke (Abtropfgewicht 335 g)*
- *7 EL Kokosraspel*
- *750 g Sahnequark*
- *12 Blatt weiße Gelatine*
- *7 EL weißer Rum*
- *100 ml Kokoscreme (gesüßt, aus der Dose)*
- *500 g Sahne*
- *Kokosraspel oder -chips zum Bestreuen*
- *1 Schüssel (ca. 2 l Inhalt, ca. 22 cm ∅)*

Zubereitungszeit: 40 Min.
Ruhezeit: über Nacht
Bei 16 Stücken pro Stück etwa:
1340 kJ/320 kcal

1 Zwieback in einen Gefrierbeutel geben und mit Nudelholz oder Flasche zerbröseln. Butter in einem Topf schmelzen, über die Brösel geben und mit einer Gabel verkneten. In die Springform geben, gut auf dem Boden festdrücken und in den Kühlschrank stellen.

2 Ananas in einem Sieb abtropfen lassen und mit Kokosraspeln unter den Quark rühren. Die Gelatine ca. 5 Min. in kaltem Wasser einweichen.

3 Gelatine ausdrücken, in einem Topf bei ganz kleiner Hitze auflösen, Rum und Kokoscreme dazugeben, verrühren und unter die Quarkmasse rühren.

4 Sobald die Creme fest wird, die Sahne steif schlagen und unterheben. Creme in die Schüssel geben, mit Frischhaltefolie abdecken und über Nacht in den Kühlschrank stellen.

5 Rand von der Springform lösen. Schüssel mit der Creme kurz in heißes Wasser tauchen, dann auf den Zwiebackboden stürzen. Mit Kokosraspeln bestreuen.

! **Tipp:** Schön ist eine Deko aus Babyananasspalten mit Grün. Wer will, träufelt zusätzlich Batida-de-Coco-Likör über die Torte.

HEIDELBEER-QUARKTÖRTCHEN

➤ **klein & fein**

Das ist der Renner nicht nur auf Kindergeburtstagen

Zutaten für 12 Stück:

- *100 g weiche Butter*
- *150 g Zucker*
- *2 Eier*
- *Mark von 1 Vanilleschote*
- *500 g Schichtkäse (20 % Fett)*
- *1 Päckchen Grieß-Puddingpulver*
- *250 g Heidelbeeren (frisch oder tiefgekühlt)*
- *75 g Mandelsplitter*
- *Fett und Semmelbrösel für die Förmchen*
- *Muffinform mit 12 Vertiefungen*

ZUBEREITUNGSZEIT: 20 MIN.
BACKZEIT: 50 MIN.
PRO STÜCK ETWA: 965 KJ/230 KCAL

1 Den Backofen auf 175° vorheizen. Die Butter und den Zucker mit den Schneebesen des Handrührgeräts gut verrühren, Eier und Vanillemark dazugeben und ebenfalls cremig unterrühren. Den Schichtkäse und das Puddingpulver ganz kurz gut unterrühren.

2 Die Heidelbeeren waschen, verlesen, trockentupfen und vorsichtig unter den Teig heben.

3 Die Förmchenvertiefungen ausfetten und mit Semmelbröseln ausstreuen. Die Heidelbeer-Quark-Masse gleichmäßig einfüllen und mit den Mandelsplittern bestreuen.

4 Die Törtchen im Backofen (Mitte, Umluft 150°) in ca. 50 Min. goldbraun backen, evtl. gegen Backende mit Pergamentpapier abdecken.

TIPP: Lauwarm mit warmer Vanillesauce schmecken die Törtchen am besten.

PREISELBEER-MOHN-QUARKKUCHEN

➤ weihnachtlich

Stiehlt Stollen und Plätzchen die Schau

Zutaten für eine Springform (26 cm ∅):

- *225 g Spekulatius (ersatzweise Butterkekse + 1/2 TL Zimtpulver)*
- *100 g Butter*
- *4 Eier*
- *1 Prise Salz*
- *750 g Magerquark*
- *150 g Zucker*
- *3 EL Zitronensaft*
- *50 g Speisestärke*
- *250 g Mohnback*
- *1 Glas Preiselbeeren (200 g)*

ZUBEREITUNGSZEIT: 25 MIN.
BACKZEIT: 1 STD.
BEI 12 STÜCKEN PRO STÜCK ETWA:
1735 KJ/415 KCAL

1 Den Backofen auf 175° vorheizen. Die Spekulatius in einen Gefrierbeutel geben und mit Nudelholz oder einer Flasche zerbröseln. Die Butter in einem Topf schmelzen, darüber gießen und mit einer Gabel gut vermengen. Die Bröselmischung in die Springform geben, am Boden und am Rand festdrücken.

2 Die Eier trennen, die Eiweiße mit 1 Prise Salz steif schlagen. Eigelbe, Quark, Zucker, Zitronensaft, Stärke und Mohn in einer Schüssel gut verrühren. Die Eiweiße unterheben.

3 Die Masse auf den Spekulatiusboden geben. Die Preiselbeeren teelöffelweise verteilt auf die Quarkmasse setzen und leicht eindrücken. Im Backofen (Mitte, Umluft 150°) ca. 1 Std. backen.

TIPP: Anstelle von Preiselbeeren kann man auch 75 g Rumrosinen unter die Quarkmasse rühren.

PANETTONE MIT RUMTOPF-FÜLLUNG

➤ ohne Backen

Für alle, denen Panettone sonst zu trocken ist

Zutaten für 8 Stücke:

- *1 Panettone (ca. 500 g)*
- *100 g Rumtopffrüchte*
- *5 EL Rumtopfsud*
- *400 g Ricotta*
- *70 g Zucker*
- *50 g gehackte Pistazien*
- *150 g Sahne*
- *1 Päckchen Sahnesteif*
- *120 g dunkle Kuvertüre*

ZUBEREITUNGSZEIT: 25 MIN.
PRO STÜCK ETWA: 1860 KJ/440 KCAL

1 Vom Boden des Panettone eine ca. 2 cm dicke Scheibe abschneiden. Den Panettone mit einem Löffel aushöhlen (es sollte ein 1–2 cm breiter Rand stehen bleiben). Ungefähr die Hälfte des ausgekratzten Kuchens fein schneiden, den Rest anderweitig verwenden.

2 Die Rumtopffrüchte klein würfeln, mit dem Sud und den Panettonestückchen mischen. Ricotta mit Zucker, dem Frucht-Panettone-Gemisch und den Pistazien verrühren. Die Sahne mit dem Sahnesteif steif schlagen und unter die Ricottacreme mischen.

3 Die Creme in den Panettone füllen, den Boden wieder aufsetzen, Panettone umdrehen und auf eine Kuchenplatte stellen. Die Kuvertüre langsam im Wasserbad schmelzen und über den Panettone gießen. Zum Festwerden kurz in den Kühlschrank stellen.

TIPPS: Panettone ist ein italienischer Hefekuchen mit kandierten Früchten. Wer will, macht daraus einen Cassata-Panettone: Statt der Rumfrüchte einfach 200 g kandierte Früchte in 6–7 EL Rum einweichen.

Impressum

➤ *Die Temperaturangaben*
bei Gasherden variieren von Hersteller zu Hersteller. Welche Stufe Ihres Herdes der jeweils angegebenen Temperatur entspricht, entnehmen Sie bitte der Gebrauchsanweisung. Bei Elektroherden können die Backzeiten je nach Herd variieren.

Redaktionsleitung: Birgit Rademacker
Redaktion: Sigrid Burghard
Lektorat: Linde Wiesner
Umschlag- und Innenlayout: independent Medien-Design
Fotos: FoodPhotography Eising / Martina Görlach
Foodstyling: Michael Koch
Herstellung: Petra Roth
Satz: EDV-Fotosatz Huber / Verlagsservice G. Pfeifer, Germering / XML-strukturiert
Reproduktionen: Penta Repro München
Druck und Bindung: Alcione
ISBN: 3-7742-5446-X

Auflage: 4. 3. 2.
Jahr: 2005 2004 2003